ÉPHÉMÉRIDES
DES
MOBILISÉS DE LA SEINE
Pendant le Siége de Paris
par les armées allemandes
en 1870-1871

PAR

EUGÈNE ENFONCE

Ancien Sergent-Fourrier au 18me Régiment de Paris
Membre de la Sté des Volontaires de 1870-1871 et de la Sté des Ex-Militaires
Diplôme d'Honneur du Panthéon des Sauveteurs

PARIS
CHEZ L'AUTEUR, 2, RUE BIOT
—
MDCCLXXVII

ÉPHÉMÉRIDES
DES
MOBILISÉS DE LA SEINE
PENDANT LE SIÉGE DE PARIS

PAR LES ARMÉES ALLEMANDES

en 1870-1871

PAR

EUGÈNE ENFONCE

Ancien Sergent-Fourrier au 18me Régiment de Paris
Membre de la Sté des Volontaires de 1870-1871 et de la Sté des Ex-Militaires
Diplôme d'Honneur du Panthéon des Sauveteurs

PREMIÈRE PARTIE

PARIS
CHEZ L'AUTEUR, 2, RUE BIOT
—
MDCCCLXXVII

A LA MÉMOIRE

DE MON VÉNÉRABLE PÈRE

Claude **ENFONCE**

Ancien Sergent au 18me de ligne

(1835-1842)

Garde à la 7me Cie Sédentaire du 247me B^{on}

(1870-1871)

Eugène ENFONCE

Paris, 1er novembre 1877.

ÉPHÉMÉRIDES

des Mobilisés de la Seine

I

Lorsque la guerre fut déclarée entre la France et l'Allemagne, le 19 juillet 1870, la garde nationale du département de la Seine se composait de quelques escadrons de cavalerie et d'environ soixante bataillons d'infanterie.

A vrai dire, cette milice n'avait eu jusqu'alors aucune prétention belliqueuse et ne constituait aucunement une force armée. Le service était des moins pénibles et consistait en gardes d'honneur, parades, revues, piquets, plantons, escortes funèbres, etc., etc.

On ne saurait décrire la joie que causait aux bons bourgeois et boutiquiers de Paris, la vue du bonnet de police du légendaire tambour chargé de la distribution à domicile des bulletins de convocation. L'épouse, il est vrai, n'était pas toujours contente; car elle savait que son inconstant mari se proposait, dores et déjà, de charmer les futurs loisirs du corps de garde d'une façon plus ou moins compatible avec le *conjungo*. Cependant, elle était bien obligée de le laisser obtempérer aux ordres de ses chefs *supérieurement hiérarchiques*, — pour employer le langage du fusilier Boquillon,— de peur de lui attirer quelques jours de prison (?) *aux Haricots,* où, paraît-il, rien n'était plus facile que de donner des coups de canif dans le contrat matrimonial. Cela dura quelques vingtaines d'années, au bout desquelles on ne désignait plus les miliciens autrement que sous le nom caractéristique de *pantouflards*.

II

A l'époque que nous prenons pour point de départ de ces Éphémérides, la garde nationale du département de la Seine était placée sous le commandement supérieur du général d'Autemarre d'Ervillé, dont l'état-major était installé place Vendôme, et qui, par parenthèse, était tout-à-fait inconnu des habitants. Le seul document, rendu public, de son commandement est la lettre suivante que l'Empereur lui adressa, avant de partir pour l'armée du Rhin.

« Palais de Saint-Cloud, 25 juillet 1870.

« Mon cher général,

« Je vous prie d'exprimer de ma part à la
« garde nationale de Paris combien je compte sur
« son patriotisme et son dévouement.

« Au moment de partir pour l'armée, je tiens
« à lui témoigner la confiance que j'ai en elle
« pour maintenir l'ordre dans Paris et pour veiller
« à la sûreté de l'Impératrice.

« Il faut aujourd'hui que chacun, dans la me-
« sure de ses forces, veille au salut de la Patrie.

« Croyez, mon cher général, à mes sentiments
« d'amitié.

« NAPOLÉON. »

Cette lettre fut mise à l'ordre du jour et lue au rapport. Chaque fourrier dut en donner connaissance à sa compagnie; mais je dois me hâter d'ajouter qu'on y fit bien peu d'attention, et n'était mon livre d'ordres sur lequel je la retrouve écrite d'une encre aujourd'hui jaunie, ma mémoire n'en eût gardé qu'un très vague souvenir. Du reste, l'organisation des anciens bataillons était telle que maints articles du règlement sur le service intérieur passaient inexécutés, sans que personne songeât à réclamer.

Cependant, les événements, contre l'attente générale, allaient tourner contre nous, et le moment était proche où la réorganisation de la garde nationale allait s'imposer comme une nécessité. Le Conseil municipal de Paris avait déjà voté une somme de 60,500 fr. pour la formation de six nouveaux bataillons, et le gouvernement avait lui-même autorisé, par une circulaire en date du 25 juillet 1870, l'organisation de la garde nationale sédentaire dans plusieurs places fortes les plus rapprochées du théâtre de la guerre, dans les départements du Nord et de l'Est. Cependant, on se souciait fort peu d'utiliser les aspirations patriotiques des Parisiens qu'on avait peut-être eu le tort grave de surexciter outre mesure. On devait aller tout droit à Berlin, du moins les blouses blanches le criaient, et on pensait bien ne pas avoir besoin du concours de la population civile, l'état-major ayant juré qu'il ne manquait pas un seul bouton de guêtres. Mais Sarrebruck n'avait été qu'un guet-apens, et bientôt les Allemands nous firent payer cher ce semblant de succès. A

Wissembourg, l'armée d'Abel Douay subissait un désastre sans précédent, pendant que Frossard était obligé de repasser la frontière et que ses troupes étaient anéanties à Forbach.

La nouvelle de ces tristes événements fit décréter la mise en état de siége du département de la Seine, le 7 août. Le même jour, on confiait à la garde nationale un des postes des Tuileries ; et, en présence de l'effervescence populaire causée par la conduite du ministère Ollivier, deux bataillons, un escadron et vingt-quatre capitaines d'état-major étaient consignés à la place Vendôme. Il fut même question de distribuer des cartouches aux gardes nationaux de service, pour répondre aux curieux qui sommaient le ministère de faire connaître la vérité.

En même temps que le département de la Seine était déclaré en état de siége, le général vicomte Dejean, ministre de la guerre par intérim, présentait à l'Impératrice-régente un rapport dont j'extrais ce qui suit :

« La garde nationale défendra les remparts qu'elle aura contribué à rendre inexpugnables ; 40,000 hommes pris dans ses rangs, unis à la garnison actuelle, seront plus que suffisants pour faire une défense active et entreprenante contre un ennemi occupant un front très étendu. »

C'est en conformité de ce rapport que fut rendu un décret aux termes duquel tous les citoyens valides de 30 à 40 ans, ne faisant pas alors partie de la garde nationale sédentaire, devaient y être incorporés. Ce décret, signé le 7 août, affectait la garde nationale de Paris à la défense de la capitale et à la mise en état des fortifications.

III

On affichait au même moment une proclamation de l'impératrice-régente qui, s'adressant au peuple de Paris, lui disait : « Je viens au milieu de vous. Fidèle à ma mission et à mon devoir, vous me verrez la première au danger pour défendre le drapeau de la France. »

La journée avait été des plus turbulentes. Des groupes se formaient partout, commentant les nouvelles et cherchant à trouver la vérité à travers les restrictions des dépêches officielles affichées aux portes des vingt Mairies de Paris.

Les ateliers et les bureaux commençaient à se désorganiser. Un grand nombre d'employés et d'ouvriers étaient partis à l'armée du Rhin. Ceux qui restaient ne pouvaient se résoudre à une inaction passive, et le moment était proche où tout le monde allait échanger la plume et l'outil contre une arme.

Les rassemblements n'avaient pas laissé que d'inquiéter, à tort ou à raison, le gouvernement qui croyait que les Parisiens étaient plus occupés des moyens de le renverser que de combattre l'ennemi. Aussi fit-il placarder nuitamment la proclamation suivante que nous lumes des premiers, mon frère Marie-Joseph et moi, vers dix heures du soir, sur la grille de l'hôtel de M. Thiers, place St-Georges, à la lueur des réverbères. Elle était ainsi conçue :

« Habitants de Paris,

« La déclaration de l'état de siége me confère les pouvoirs nécessaires pour le maintien de l'ordre dans la capitale. Je compte sur le patriotisme de la population et de la garde nationale de Paris pour le maintenir.

« Tout attroupement est interdit.

« Paris, 7 août 1870.

« Maréchal BARAGUAY-d'HILLIERS. »

Le lendemain (8 août), le sénateur Préfet de la Seine, Henri Chevreau, enjoignait aux hommes désignés dans le décret du 7 août de se présenter dans un délai de trois jours, aux Mairies de leurs arrondissements respectifs, pour s'y faire inscrire sur les contrôles de la garde nationale sédentaire, la distribution des armes devant commencer aussitôt l'incorporation.

Les Mairies furent aussitôt assiégées par des milliers de personnes venant témoigner, par leur empressement, de leurs sentiments patriotiques et de leur respect pour la loi votée. Le personnel administratif des Mairies fut bientôt débordé et ne put suffire à la besogne. Malheureusement le gouvernement ne s'occupa pas de remédier à cet inconvénient; aussi les inscriptions se firent avec une lenteur désespérante, et il en résulta un mécontentement général, dont la responsabilité devait retomber sur les chef de la défense, beaucoup plus préoccupés de rédiger des proclamations que de mettre en pratique leur contenu. Il ne se passait pas de jour sans qu'on nous gratifiât d'une proclamation quelconque, faisant toujours appel aux plus nobles sentiments du cœur hu-

nain, mais n'ayant d'autre but que d'endormir
es masses, sous prétexte de les tenir en éveil.

« Habitants de Paris, — disait une de ces proclamations,— les nouvelles de l'armée vous imposent un grand devoir; le gouvernement vous convie à l'accomplir. C'est à nous de veiller à notre honneur, à nous de le garder intact et de rester dignes de notre passé et de nous-mêmes.

« Habitants de Paris,

« Le péril n'est pas imminent, mais il importe que nos fortifications soient en bon état, et que notre héroïque armée sache que nous sommes tous debout derrière elle.

« A partir de demain, des registres seront établis à l'Hôtel-de-Ville et dans les vingt Mairies de Paris. Que tous ceux qui ne sont pas appelés par le nouveau décret à faire partie de la garde nationale et qui veulent concourir aux travaux de terrassement et de maçonnerie nécessaires à la défense commune viennent s'inscrire immédiatement.

« La vaillante population de Paris répondra, j'en suis sûr, à mon appel.

« *Le Sénateur Préfet de la Seine,*

« Henri CHEVREAU. »

Le 9 août, les chambres en vacances depuis le 21 juillet, reprirent leurs travaux au milieu d'une effervescence dont se feront difficilement une idée ceux qui n'ont pas vu Paris à cette époque. Mais laissons de côté tout ce qui, sans être tout-à-fait étranger à notre sujet, n'y a qu'indirectement trait. La matière que nous traitons est assez riche d'elle-même, pour que nous ne songions pas à l'amplifier outre mesure, aux dépens de la clarté du récit.

Dès la première séance de reprise, M. Jules Favre proposait à la chambre des députés, tant en son nom qu'en celui d'une trentaine de ses collègues, la résolution suivante :

« Considérant que l'ennemi a envahi le sol de la France ;

« Que si notre armée, debout et toujours dévouée, est prête à le repousser, il est du devoir de chaque citoyen de s'unir à ses efforts ;

« Qu'il est en droit de réclamer une arme pour l'accomplissement de ce devoir ;

« Considérant que, de l'aveu même du ministre de la guerre, l'étranger marche sur Paris ;

« Qu'en présence d'un tel péril, ce serait un crime de refuser à chaque habitant de la capitale le fusil qui lui est nécessaire pour la défense de son foyer ;

« Que la population toute entière demande à être armée et organisée en garde nationale élisant ses chefs,

« La Chambre arrête :

« Il sera immédiatement distribué, aux Mairies de chaque arrondissement de la ville de Paris, des fusils à tous les citoyens valides inscrits sur les listes électorales ;

« La garde nationale sera réorganisée en France dans les termes de la loi de 1851. »

Abstenons-nous de tout commentaire qui pourrait introduire la politique dans ces Éphémérides et qui leur enlèverait le caractère purement historique que nous voulons leur conserver.

IV

La motion de M. Jules Favre ne fut guère du goût des députés de la majorité ; aussi valut-elle à son auteur de violentes aspostrophes. Mais c'en était fait du ministère Ollivier. Le 10 août, il était remplacé par un nouveau cabinet qui, hélas! ne devait pas être plus patriotique, et le 11 août, la proposition de M. Jules Favre, transformée en un projet de loi, était votée à l'unanimité par la Chambre, après un rapport vivement applaudi de M. Ernest Dréolle.

Un crédit de 50 millions de francs était ouvert aux ministres de l'intérieur et de la guerre, pour faire face aux dépenses occasionnées par la réorganisation des gardes nationales. En outre, l'article 4 portait que les gardes nationaux blessés dans l'accomplissement de leur service, leurs veuves et leurs enfants auraient droit aux secours et aux récompenses déterminées par les lois spéciales votées en faveur des soldats des armées de terre et de mer et de la garde nationale mobile.

La Chambre avait parlé, le gouvernement dut mettre fin à ses lenteurs, et le 13 août le ministre de l'intérieur enjoignait, par une circulaire aux préfets, d'exécuter immédiatement la loi. En ce qui concerne le département de la Seine, on afficha partout un avis invitant les citoyens âgés de 21 ans au moins, non encore inscrits sur aucun contrôle de l'armée active ou de la mobile, de se présenter à l'état-major des bataillons de garde nationale en formation, dans un délai de trois jours.

Comme le décret du 7 août, rapporté plus haut, n'appelait que les hommes de 30 à 40 ans, la nouvelle mesure eut pour effet d'augmenter singulièrement le nombre des gardes nationaux. Dans certaines Mairies, la besogne se fit rapidement et fut menée à bonne fin, grâce au patriotisme de la population et au bon vouloir des autorités. Par contre, il y en eut quelques-unes qui semblaient avoir pris à tâche de mettre des entraves à l'organisation de la défense, et qui furent, bon gré mal gré, les complices de l'ennemi, par la façon inouïe dont elles accueillirent les demandes d'inscription et d'armement. Mais elles ne purent longtemps continuer leurs intrigues et durent se rendre aux aspirations de leurs administrés.

Paris avait, à cette époque déjà, un aspect des plus pittoresques. Dans les rues, sur les boulevards, dans les squares, partout enfin, on ne voyait qu'uniformes de gardes nationaux, on n'entendait que clairons et tambours, on ne pouvait faire un pas sans rencontrer des pelotons d'instruction. Qu'on se figure une ville de près de deux millions d'habitants transformée du jour au lendemain en un vaste camp retranché de 33 kilomètres 93 mètres de tour, défendu par un rempart pouv recevoir 658 pièces de canon et par 16 forts détachés, armés de près de mille pièces à feu, et o aura idée de l'importance que Paris allait jouer non pas malheureusement dans la *campagne d'Allemagne,* mais dans la *campagne de France.*

Il était évident pour tout le monde que la Capitale était l'objet des convoitises des Allemands, et que ceux-ci en avaient fait le but de leur marche. Le général Trochu avait été nommé gouverneur de Paris, commandant en chef de la garnison, par un décret du 17 août. Il prit possession de ses nouvelles fonctions le même jour et arriva à Paris muni d'une collection de proclamations de toutes les couleurs et accommodées à toutes les sauces, plus..... son plan (breveté s. g. d. g.) dont on n'a jamais pu blâmer la conception, puisqu'il ne fut jamais mis à exécution. En homme prudent, le nouveau gouverneur de Paris l'avait déposé au plus profond d'une étude de notaire, où il doit dormir encore, si les souris n'ont pas eu l'inexplicable fantaisie de s'en payer une nourrissante lecture.

V

Le nouveau gouverneur de Paris fut on ne peut mieux accueilli par la population parisienne qui le reçut comme un sauveur. Elle ne voyait en lui que le futur organisateur de la défense et s'inquiéta nullement de ce que pouvaient être les antécédents. Beaucoup plus connu de l'armée que du public, le général Trochu était Breton de naissance et d'origine, étant né à Belle-Isle-en-Mer (Morbihan) le 12 mars 1815. Il avait donc cinquante-cinq ans passés, lorsqu'il fut appelé au poste de gouverneur de Paris, et comptait parmi les jeunes généraux de l'armée française. Élève de Saint-Cyr (1835), il était sorti de cette école (1838) avec le grade de sous-lieutenant. Il entra l'année suivante à l'école d'état-major et obtint, en 1840, l'épaulette de lieutenant d'état-major détaché au 6me de ligne. Le général Lamoricière le prit alors comme aide-de-camp, jusqu'au jour où, promu capitaine, il fut attaché au maréchal Bugeaud — dit le Père Casquette — en la même qualité. Le capitaine Trochu assista à la bataille d'Isly (1840) et passa chef d'escadron deux ans plus tard. La révolution de 1848 le trouva dans ce grade, qu'il conserva jusqu'en janvier 1854, époque à laquelle il fut nommé lieutenant-colonel, directeur-adjoint du personnel au ministère de la guerre. Il ne comptait alors que seize années de service et avait eu, comme on le voit, un avancement assez rapide. L'Empire ne lui fut pas moins favorable que la monarchie de juillet. En effet, en 1855, un décret le nomma colonel, toujours dans le corps d'état-major, et il fut, la même année, choisi comme premier aide-de-camp par Saint-Arnaud, puis par Canrobert. L'année suivante, il n'y avait plus de colonel Trochu : il commandait, avec le grade de général, la 2me brigade de la 1re division du 1er corps; à la tête de laquelle il fut grièvement blessé à l'assaut de Sébastopol. Il ne pouvait vraiment pas s'arrêter en aussi beau chemin, il était trop en faveur pour cela. Après la signature du traité de Paris (1856) il est appelé au comité d'état-major et reçoit, le 4 mai 1859, les étoiles de général de division. La

France était alors en guerre avec l'Autriche. Le général Trochu trouva là une nouvelle occasion de se signaler, et accomplit maints hauts faits à la tête de la 2me division du corps de Canrobert. Depuis il publia (1867), sous ce titre : *L'armée française*, un ouvrage fort estimé des spécialistes.

Tels étaient les états de service du soldat entre les mains duquel l'Empereur venait de remettre le gouvernement militaire de la capitale de la France. Nous avons à dessein glissé sur certains faits auxquels le général Trochu avait été mêlé, pour ne pas sortir de la réserve que nous nous sommes imposée ; mais, à ne considérer que sa carrière militaire, le général Trochu avait en lui l'étoffe d'un excellent chef, on le croyait du moins à l'époque, et on aurait été mal vu, si l'on s'était alors avisé de mettre en doute ses capacités. Nous verrons plus tard si l'engouement qu'eut alors pour lui le peuple de Paris avait sa raison d'être.

VI

Le gouverneur débuta par une de ces proclations dont il avait le secret, mais que nous ne mentionnerons que pour mémoire. Cette proclamation, adressée à la garde nationale et à tous les défenseurs de la Capitale en état de siège, produisit l'effet qu'on en attendait. Chacun en fut émerveillé, et on remarqua beaucoup le passage où le général affirmait qu'il avait la foi la plus entière dans le succès de la défense, qu'il qualifiait de glorieuse entreprise. Ce fut assez pour que le général Trochu devînt populaire. A partir de ce jour, il n'y avait plus ni Empereur, ni Régente, ni Ministres, ni Sénat, ni Chambre. L'Empire, en un mot, n'avait plus qu'une ombre d'existence.

Que devenait pendant ce temps l'organisation de la garde nationale, et quelle suite avait été donnée aux mesures votées par le Corps législatif? Nous devons le constater, à la honte de l'administration d'alors, ces mesures furent exécutées avec une lenteur et une négligence que l'on pourrait qualifier de criminelles. Ne sachant comment refuser des armes aux citoyens qui en demandaient, le général d'Autemarre prit, à la date du 16 août, un arrêté aux termes duquel *ne pouvaient être armés que les gardes nationaux pourvus d'un uniforme* acheté à leurs frais et composé de la façon suivante :

1° Képi en drap bleu de roi, avec liséré rouge, visière carrée de 4 centimètres et le n° du bataillon en rouge sur le bandeau ;

2° Tunique en toile bleue, garnie de boutons d'uniforme en métal blanc, col rouge, orné de pattes blanches sans macarons, patte bleue avec liséré rouge sur les épaules ;

3° Pantalon de toile bleue, liséré rouge sur les côtés ;

4° Ceinture en cuir noir verni, avec plaque, giberne et porte-baïonnette.

En laissant à la charge des particuliers le coût de cet uniforme, on savait d'avance que bien peu seraient en mesure de se le procurer, et qu'on aurait ainsi un excellent prétexte pour refuser des armes au plus grand nombre. On craignait alors beaucoup plus les baïonnettes de la garde nationale que celles des Allemands. C'est triste à dire, mais il en était ainsi.

La nomination du général Trochu ne changea presque rien à cet état de choses, en dépit des protestations dont les députés se firent les échos à la Chambre. Cependant, à partir du 25 août, la butte n° 7, au polygone de Vincennes, fut mise à la disposition de la garde nationale de la Seine, pour les exercices du tir. C'était déjà un pas de fait.

Pour stimuler le gouvernement, les maires de Paris se réunirent et, sur la proposition du général Ambert, maire du 8ᵐᵉ arrondissement, la lettre suivante fut adressée au ministre de l'intérieur :

« Monsieur le Ministre,

« Vous avez annoncé au Corps législatif que
« l'ennemi marchait sur Paris. Les citoyens de
« nos arrondissements sont prêts à tous les sacrifi-
« ces, à tous les dévouements, à tous les courages.
« Ils recevront l'ennemi avec le calme de la
« résolution. Les habitants de Paris prouveront
« au monde entier que la France est toujours la
« grande nation. Que l'ennemi vienne, nous
« l'attendons les armes à la main. Les maires de
« Paris seront au premier rang des défenseurs de
« la Patrie. »

Les nouvelles étaient chaque jour de plus en

plus mauvaises ; malgré d'héroïques efforts, l'armée du Rhin succombait sous le nombre et laissait libre la route de Paris. Dès ce moment, on commença à croire sérieusement à l'éventualité d'un siège et on se mit en devoir de mettre l'enceinte en état de défense. Le nombre des artilleurs de l'armée régulière disponible étant insuffisant pour assurer le service des pièces, on s'occupa du recrutement de l'artillerie de la garde nationale.

Enfin, pour donner aux combattants toutes les garanties de sécurité désirables, une loi reconnut comme faisant partie de la garde nationale les citoyens qui se porteraient spontanément à la défense du territoire, avec l'arme dont ils pourraient disposer, et en prenant un des signes distinctifs de cette garde, pour se couvrir de la garantie reconnue aux corps militaires constitués.

VII

Le crédit de 25 millions, destiné à venir en aide aux femmes, enfants et ascendants des citoyens combattant pour la défense du Pays, fut porté à 50 millions.

Les lois sur les pensions militaires furent déclarées applicables aux gardes nationaux blessés au service du pays, et les gardes nationaux décorés ou médaillés pour faits militaires, reconnus aptes à bénéficier de la loi de 1852 sur la Légion d'honneur et la médaille militaire.

En même temps, M. Ernest Picard demandait

l'application de l'art. 133 de la loi de 1851 ayant pour objet de faire des corps détachés dans la garde nationale sédentaire et de mettre ces corps à la disposition du ministre de la guerre, dans l'ordre suivant : 1° célibataires, 2° veufs sans enfants, 3° mariés sans enfants.

Aucune suite ne fut donnée à cette proposition. alors que son adoption eût singulièrement changé la face des choses et fourni un excellent contingent à la défense. On verra plus loin qu'on ne songea à la mettre en pratique qu'au mois d'octobre, au bout de plus d'un mois de réflexion !

On revint, toutefois, sur la décision prise de laisser à la charge des gardes nationaux le coût de leur habillement, et on alloua une indemnité aux citoyens notoirement hors d'état de faire face à cette dépense.

Mais qu'on ne crie pas bravo; si l'armement se faisait un peu plus activement, on s'en tenait toujours aux demi-mesures, sans faire cas des revendications de la population. Qu'on en juge!

Clément Thomas, ancien commandant supérieur de la garde nationale de Paris, en 1848, exilé après le coup d'État de décembre 1851, était accouru à Paris, aussitôt qu'il avait eu connaissance de ce qui se passait, et avait demandé son incorporation dans la milice parisienne. Voici l'étrange et absurde réponse qui lui fut faite par le chef du 13me bataillon : « Monsieur...., Je serais très flatté de vous compter parmi les grenadiers et même les officiers de mon bataillon, mais j'ai suivi jusqu'à ce jour le principe de ne point délivrer de fusils dans les hôtels meublés; je vous demande donc de prendre un domicile ailleurs que dans un hôtel, pour pouvoir vous faire incorporer et armer. »

Deux mois plus tard, celui dont on ne voulait pas comme simple grenadier était commandant supérieur de la garde nationale. Point de commentaire, n'est-ce pas?

Les événements se précipitent; le général d'Autemarre donne sa démission. En vertu d'un décret du 29 août, le général de La Motterouge lui succède, avec le colonel Ferri Pisani, aide-de-camp du prince Napoléon, pour chef d'état-major, en remplacement du colonel Borel également démissionnaire.

Qu'était le nouveau général? C'est ce que nous apprit l'ordre du jour suivant :

« Gardes nationaux de la Seine,

« Le général de La Motterouge est appelé à l'honneur de vous commander, succédant au général d'Autemarre qui emporte dans sa retraite votre affection, vos regrets et vos respects.

« Vétéran de Crimée et d'Italie, votre nouveau général reprend son épée pour défendre avec vous la cité et vos foyers. Vous mettrez en lui la confiance que vous accordiez à son digne prédécesseur. Cette confiance sera réciproque et elle fera notre force quand l'heure des périls sera venue.

« Le moment approche où la France enverra en même temps au combat toutes ses générations valides, les fils disputant pied à pied à l'ennemi l'Alsace, la Champagne et la Lorraine; les pères défendant Paris.

« Les événements me font le chef du général de La Motterouge, et il veut bien oublier qu'il a été le mien dans d'autres temps. C'est vous dire dans quelle affectueuse solidarité nous nous associons tous deux à vos épreuves et à vos efforts.

« Au quartier général, à Paris, le 2 septembre 1870.

« *Le général gouverneur de Paris,*
« Trochu. »

VIII

Le général de La Motterouge faisait partie du cadre de réserve et était député des Côtes-du-Nord. Né en 1802, il avait été successivement, après sa sortie de l'école de St-Cyr comme sous-lieutenant, lieutenant (1830), capitaine (1832), chef de bataillon (1841), colonel du 19me léger (1848), général de brigade (1852) et général de division (1855).

Le jour même où l'ordre du jour du général Trochu était dicté aux fourriers, la Chambre des députés votait une loi ordonnant de procéder à l'élection des officiers, sous-officiers et caporaux dans les bataillons déjà organisés de la garde nationale de la Seine.

Cette loi ne pouvait qu'être bien accueillie; car elle donnait satisfaction à des intérêts respectables et facilitait l'organisation des compagnies. Si le gouvernement avait été obligé de procéder lui-même aux nominations, il n'eût pu suffire à la tâche, et son choix se serait bien souvent arrêté sur des sujets indignes, attendu que le temps manquait pour former une enquête sur les antécédents des candidats. D'autre part, si aux yeux de quelques-uns les élections avaient l'inconvénient de ne pas être toujours exemptes de fraudes, elles avaient en général l'immense avantage de ne faire nommer aux grades que des individus connus, plus ou moins, il est vrai, des électeurs.

Malheureusement, la loi ne put être appliquée aussitôt sa promulgation; deux jours après, on apprenait le désastre de Sedan, le souffle populaire renversait le trône impérial et la République était proclamée.

IX

Lorsque Paris se réveilla le 4 septembre 1870, de nombreuses affiches entourées d'un cadre noir lui apprirent la capitulation de Sedan et la conduite inouïe de l'empereur. La population fut vivement impressionnée par la triste situation que les événements créaient à notre malheureuse armée; mais elle n'eut qu'un sentiment de mépris pour le lâche qui avait si honteusement rendu son épée.

Mon père qui était sorti à la première heure, rentra fort impressionné et nous fit part de l'émotion qui régnait dans les rues et qui augmentait de moment en moment. Né pendant les

Cent-Jours, il avait vu passer successivement Napoléon Ier, Louis XVIII, Charles X, Louis-Philippe, le Gouvernement Provisoire et la Commission Exécutive de 1848, le général Cavaignac, la présidence du prince Louis et enfin Napoléon III. Il avait donc assisté au défilé de neuf gouvernements et vu deux révolutions, celles de 1830 et du 24 février 1848. Un pressentiment lui fit entrevoir qu'un nouveau changement allait avoir lieu, et ce pressentiment était des plus fondés, comme on va le voir.

Bien que le 4 septembre fût un Dimanche, je me rendis, l'après-midi, à la bibliothèque, encore impériale, de la rue de Richelieu, pour y continuer diverses recherches historiques. Au cours de la séance, j'entendis du tumulte du côté de cette même rue de Richelieu ; mais, croyant à une simple manifestation, je n'y fis pas autrement attention. Bientôt, cependant, comme le bruit continuait, intrigué et voulant en connaître la cause, je mis fin à mon travail pour rejoindre la foule, en vrai Parisien que j'étais, que je suis et que je serai toujours. J'appris alors que le peuple indigné avait envahi le Corps législatif et que les députés bonapartistes s'étant dispersés, ceux de l'opposition avaient proclamé la République.

Le flot houleux de la multitude allait sans cesse se grossissant de tous ceux qui entendaient la bonne nouvelle, sans se livrer à aucun acte de violence à l'égard des personnes ou des propriétés. Les sergents de ville avaient disparu comme par enchantement devant la justice populaire. Cependant aucun de ceux qui n'avaient pas eu le temps ou la précaution de se dérober à l'ouragan, ne fut maltraité. On se contentait de briser leurs épées et de fouler aux pieds leurs légendaires tricornes. Par contre, ceux qui voulurent jouer du *casse-tête* ou du *coup-de-poing* furent mis dans l'impossibilité de nuire et écroués dans les postes où, le matin encore, ils incarcéraient les honnêtes gens qui se permettaient des libertés de langage à l'égard du héros de Sedan.

En un mot, je ne saurais trop le répéter, la révolution fut des plus pacifiques, et, comme je viens de le dire, aucune atteinte ne fut portée à la propriété, aucune violation de domicile n'eut lieu, malgré ce qu'ont écrit quelques réactionnaires à qui je donne ici le plus formel démenti; car, je puis dire comme Montaigne : « J'étais là, telle chose advint. » On se bornait de faire disparaître, avec le moins de dégât possible, les écussons, armoiries, inscriptions et médailles servant d'enseignes aux fournisseurs de S. M. L'E—REUR et portant les emblêmes ou l'effigie du capitulard. L'air retentissait des chansons patriotiques telles que *La Marseillaise*, le *Chant du départ*, celui des *Girondins*, etc. Le cri de VIVE LA RÉPUBLIQUE était dans toutes les bouches et annonçait partout l'avènement du nouvel ordre de choses.

X

Je suivis la foule dans son parcours à travers la rue de Richelieu, la rue du Dix-Décembre (aujourd'hui rue du 4 Septembre), le boulevard des

Capucines et le boulevard des Italiens. Je la quittai à la hauteur de la rue Drouot, pour regagner la maison, où l'on ne savait encore rien des événements. Après avoir appris à ma mère (car j'avais alors une mère !) en ce moment seule, ce qui se passait, je me dirigeai vers la Mairie des Buttes-Montmartre (18me arrondissement), située à cinq minutes de chez nous. En traversant la place Pigalle, sur la limite du 9me arrondissement (Opéra), où je rencontrai mon frère Marie-Joseph, graveur sur camée, que son assiduité au travail a conduit au tombeau, à l'âge de 20 ans, j'aperçus les sergents de ville fuyant de toute la vitesse de leurs jambes pour échapper à la tempête. Lorsque nous arrivâmes à la Mairie, grande était l'effervescence parmi les habitants du quartier, appartenant en majeure partie à la classe ouvrière, mais d'une honnêteté inattaquable, quoi qu'aient pu dire des écrivains mercenaires.

Un nigaud ayant proposé d'arborer, au-dessus de la porte principale de la Mairie, le drapeau rouge, il fut conspué, ce qui ne l'empêcha pas de faire les plus grands efforts pour mettre son projet à exécution, en dépit de l'opposition manifeste des spectateurs. Mais il faillit tomber à travers la vitrine de la marquise qui précède le vestibule, et renonça à son projet. Il fit bien, car déjà la foule, voyant en lui un agent provocateur, allait lui faire un mauvais parti. Quelques instants plus tard le drapeau tricolore, dont la hampe n'était plus souillée par le hideux volatile appelé aigle impériale, flottait victorieusement au faîte de l'édifice communal qu'encadraient les rayons du soleil.

En descendant de Montmartre, nous rencontrâmes un individu que ses opinions républicaines avaient fait mettre, depuis 1851, sous la surveillance occulte de la police. Ce pauvre homme était si content de pouvoir saluer l'aurore de la Liberté, après vingt années de silence forcé, qu'il ne cessa de crier VIVE LA RÉPUBLIQUE jusqu'à la tombée de la nuit. Ce fut au point que le lendemain il avait une extinction de voix complète.

Le soir nous nous rendîmes, en compagnie de notre père, aux grands boulevards. La foule était immense. Les trottoirs et la chaussée réservée aux voitures disparaissaient littéralement sous les flots de cette mer houleuse qui a nom *le peuple de Paris*. Tout le monde venait là pour avoir des nouvelles ; les kiosques des marchands de journaux étaient pour ainsi dire pris d'assaut, et ce n'était qu'à la force des coudes et du poignet que l'on pouvait arriver à se frayer un passage au milieu des groupes de curieux.

Les feuilles de la dernière heure nous firent connaître les noms du nouveau gouvernement, et ce fut sous le coup d'une solennelle émotion que chacun regagna son logis, à une heure assez avancée de la nuit.

XI

Le 4 Septembre ne fut l'œuvre d'aucun parti : le changement de gouvernement fut amené par les circonstances au milieu desquelles il se produisit. Comme on a pu s'en rendre compte, la garde nationale n'avait eu, jusque là, qu'un rôle des plus secondaires, en dépit du désir, hautement manifesté par cette milice, de prendre une part active à la défense de ses foyers. Tant de bonne volonté ne pouvait cependant pas rester sans emploi, et le moment était arrivé, où l'on allait utiliser les patriotiques aspirations du peuple de Paris. Aussitôt installé, le gouvernement rappela aux nouveaux administrateurs des mairies parisiennes qu'en face de l'ennemi marchant sur Paris, leur premier devoir était de veiller sans relâche à l'armement des citoyens, et de se tenir, nuit et jour, prêts à secourir la défense nationale. En même temps on régularisait la formation des nouveaux bataillons, dont le nombre fut fixé à 60, ce qui devait former 120 bataillons de 1500 hommes, effectif maximum, soit un total de 180,000 gardes nationaux (Circulaires des 6 et 7 septembre 1870). Pour accélérer le recrutement des nouvelles compagnies, il fut admis que les citoyens pour qui l'achat d'une tenue serait reconnu avoir été dispendieux, recevraient une indemnité, et que l'uniformité de cette tenue ne serait plus obligatoire, le type désigné communément sous le nom de vareuse étant simplement recommandé. Grâce au zèle et à l'activité des commissions qui furent nommées dans chaque arrondissement, pour l'établissement des listes des citoyens devant composer les bataillons, la besogne fut singulièrement simplifiée. Chaque liste divisée en huit sections correspondant aux huit compagnies, le maire faisait procéder à l'élection des officiers, sons-officiers et caporaux. L'élection faite, le chef de bataillon emportait le procès-verbal, avec l'effectif précis du bataillon, à l'État-major général des gardes nationales de la Seine, où on lui délivrait un bon pour la distribution des armes, qui avait lieu sur le champ, et ausitôt le numéro du bataillon désigné.

Quant au général de La Motterouge, convaincu de son impopularité, il avait donné sa démission de commandant supérieur. Un décret, en date du 8 septembre, le remplaça par M. Tamisier, ancien officier d'artillerie, qui débuta par l'ordre du jour suivant :

« Gardes nationaux,

« Appelé au commandement en chef de la
« garde nationale de la Seine, sans avoir jamais
« aspiré à des fonctions aussi élevées, j'aurais
« préféré servir mon pays comme simple soldat,
« dans vos rangs, où je m'étais placé en arrivant
« à Paris.

« Mais il est des moments où il faut savoir
« obéir.

« Le gouvernement de la Défense nationale
« m'a nommé : j'obéis.

« En le soutenant, c'est la France que nous
« défendons ; en lui obéissant, c'est à la France
« que nous nous soumettons, puisqu'il vient d'en
« appeler à ses libres suffrages, et qu'il n'a d'autre
« but que de la défendre.

« Resté fidèle à la cause de la démocratie répu-
« blicaine, mais ne me sentant aucune haine au
« cœur pour ceux qui n'ont pas compris que là
« était l'avenir de la France, puissé-je aider,

« parmi vous, gardes nationaux de la Seine, à
« l'union maintenant si nécessaire contre l'inva-
« sion de l'étranger.

« *Le Commandant supérieur de la Garde nationale*
« *de la Seine,*

« Signé : Tamisier. »

XII

Le signataire de la proclamation que l'on vient de lire était un des vétérans de l'opposition. Né le 23 janvier 1809, à Lons-le-Saulnier, le général Tamisier avait fait de fortes études à l'école polytechnique d'où il était sorti avec un des premiers numéros. Ces études lui permirent de se vouer à la carrière militaire vers laquelle le poussaient d'ailleurs ses aspirations. Ses débuts dans l'arme de l'artillerie, qu'il avait choisie comme répondant plus que tout autre à ses connaissances, furent des plus brillants et lui valurent un avancement mérité. Aussi parvint-il rapidement au grade de capitaine : il n'avait que vingt-neuf ans, lors de cette promotion, et tout annonçait que le jeune officier avait devant lui un superbe avenir.

En effet, le capitaine Tamisier fut nommé chevalier de la Légion d'honneur, le 23 mai 1845. Moins de trois ans après, le trône de Louis-Philippe s'abîmait, et les Jurassiens, qui avaient dans notre artilleur un ardent défenseur, l'élurent pour les représenter à l'Assemblée nationale. Tamisier y sut mériter les sympathies du parti libéral qui le renvoya à l'Assemblée, aux élections de 1849.

En ce temps-là, la France avait pour Président de la République un prince ; ce prince prouva son respect pour la Constitution en faisant le coup d'État du 2 décembre 1851. Les représentants du peuple, hostiles à la politique de l'Élysée furent arrêtés et exilés. Tamisier fut du nombre et dut quitter la France. Il n'en resta pas moins bon patriote, et attendit, comme tant d'autres, des jours meilleurs. Son attente dura près de 20 ans, et le 4 septembre lui permit enfin d'affirmer publiquement les opinions auxquelles il n'avait pas cessé d'être attaché, pendant le règne du héros de Sedan.

Le réveil de la France républicaine fournit au proscrit l'occasion de prouver que le nouveau gouvernement pouvait compter sur lui. Il lui offrit son épée et se mit à sa disposition pour coopérer à la défense de Paris. Le général Trochu ne pouvait ignorer les capacités de l'ancien capitaine d'artillerie : aussi, persuadé qu'il trouverait en lui un utile et dévoué collaborateur, il lui confia, comme on l'a vu plus haut, le commandement supérieur des gardes nationales de la Seine.

XIII

La responsabilité qu'assumait le général Tamisier, en acceptant le poste de commandant supérieur, était effrayante ; car il ne s'agissait de rien moins que d'habiller, d'équiper et d'instruire plusieurs centaines de mille hommes, qui, pour la plupart, avaient, il est vrai, les meilleures dispositions, mais qui, en réalité, n'avaient aucune notion du métier militaire. Refuser eût été peu patriotique : le général Tamisier le comprit et se mit résolûment à l'œuvre.

Le 11 septembre, le gouvernement, considérant que tous les citoyens membres de la garde nationale étaient appelés à concourir à la défense de Paris, et que le service était obligatoire, décréta qu'il serait délivré par compagnie des bons de vivre aux hommes qui en feraient la demande.

Cette mesure fut vivement applaudie, car la misère commençait à se faire sentir dans les classes inférieures, et il était de toute justice que le gouvernement s'occupât de pourvoir aux besoins des défenseurs de la Cité.

On n'oubliait pas que les Allemands arrivaient sur Paris, et on ne savait encore si la résistance pourrait être couronnée de quelque succès. Les forts étaient là, il est vrai, pour défendre l'accès des remparts et faire échouer toute tentative de l'ennemi pour surprendre la vigilance des Parisiens ; mais, lorsqu'en 1840, on avait entouré la ville de défenses, on avait négligé de couvrir suffisamment le front nord-ouest. Entre Issy et Saint-Denis, on avait élevé la citadelle du Mont-Valérien, qui protégeait un assez vaste rayon de terrain ; mais elle ne pouvait croiser ses feux avec ceux du fort d'Issy, non plus qu'avec ceux du fort de la Briche, de sorte que la presqu'île de Gennevilliers était exposée à un coup de main, et que l'ennemi pouvait arriver jusqu'aux remparts, tant de ce côté que de l'autre, sans rencontrer aucun ouvrage d'artillerie. On avait commencé la construction de redoutes à Châtillon, à Montretout et à Gennevilliers; mais on n'eut pas le temps, ou plutôt l'habileté, de les achever en temps opportun. Les deux premières tombèrent même au pouvoir des ennemis.

Pour parer à toute éventualité, on répartit la garde nationale sédentaire en neuf secteurs, commandés par les généraux Faron, Callier, de Montfort et Ambert, et par les amiraux Fleuriot de Langle, de Montagnac, Méquet et Chaillé.

Ce fut là le commencement du service actif de la garde nationale. Chaque bataillon eut dès lors sa place marquée aux remparts, longs de 41 kilomètres et divisés en 94 bastions, et prit la garde à tour de rôle, permettant ainsi d'utiliser à l'extérieur les troupes régulières et la mobile.

XIV

La garde nationale comprenait à cette époque 138 bataillons, et était régie en partie par la loi de 1851, qui avait ainsi fixé les cadres de chaque compagnie, forte de 150 hommes et au-dessus :

1 capitaine en premier;
1 capitaine en second;
2 lieutenants;
4 sous-lieutenants;

1 sergent-major ;
1 sergent-fourrier ;
4 sergents ;
16 caporaux ;
2 tambours ou clairons.

Quant à l'état-major du bataillon, il se composait de la façon suivante :

1 chef de bataillon, commandant ;
1 adjudant-major, capitaine ;
1 porte-drapeau, sous-lieutenant ;
1 chef de musique, sous-lieutenant ;
1 chirurgien aide-major ;
1 adjudant-sous-officier ;
1 tambour-maître ou trompette-major ;
1 sous-chef de musique, sous-officier.

XV

Dans la pratique, on ne put se conformer strictement à ces prescriptions, et, vu l'importance numérique des bataillons, on créa les emplois suivants :

A l'état-major du Bataillon
- 1 officier-payeur, lieutenant ;
- 1 adjudant-sous-officier ;
- 1 fourrier d'ordres ;
- 1 sergent, secrétaire du commandant.

A l'état-major des Compagnies
- 1 caporal-fourrier ;
- 2 élèves clairons ou tambours.

Ces créations ayant pour but de faciliter la bonne exécution du service imposé à chaque bataillon, il ne vint alors à l'idée de personne de les critiquer. On avait d'ailleurs trop à faire pour s'arrêter à des questions de détail, et mal venu aurait été celui qui se serait avisé d'être méticuleux à cet endroit. Le nouveau général de la garde nationale savait, mieux que personne, comment on organise une troupe, pour ne pas prendre telle mesure que comportait la situation.

Voulant tout d'abord se rendre compte lui-même de l'attitude de la milice dont le commandement supérieur lui avait été confié, il résolut, en compagnie de plusieurs membres du gouvernement, de demander que le général Trochu passât une revue d'effectif des bataillons parisiens.

Déférer à ce désir n'était que justice : le général Trochu eût eu mauvaise grâce à n'y pas donner satisfaction. Aussi s'empressa-t-il de se rendre à l'invitation de ses collègues. La revue fut fixée au 13 septembre et ne fut pas un des événements qui marquèrent le moins dans la période d'organisation de la milice parisienne. Les bataillons de la garde nationale occupaient toute la ligne des grands boulevards comprise entre la place de la Bastille et la place de la Concorde. Il n'y eut pas de défilé ; mais le spectacle n'en fut pas moins imposant pour le général Trochu qui, lorsqu'il passat devant le front des bataillons, fut acclamé par plus de cent mille citoyens offrant tous à la Patrie le sacrifice de leur vie.

Le temps ne laissant rien à désirer, la revue eut lieu dans d'aussi bonnes conditions qu'on pouvait le souhaiter. En présence du patriotisme déployé par les bataillons parisiens, le général Trochu, incrédule jusque là, commença à croire à la possibilité de défendre la Capitale contre les Allemands qui s'avançaient. A l'issue de la revue, il rédigea une proclamation qui témoignait bien de l'heureuse impression qu'avait laissée en lui un tel spectacle.

XVI

Voici un extrait de cette proclamation :

« Jamais, disait le Gouverneur s'adressant aux gardes nationaux et aux gardes mobiles, aucun général d'armée n'a eu sous les yeux le grand spectacle que vous venez de me donner : trois cents bataillons de citoyens organisés, armés, encadrés par la population tout entière, acclamant dans un concert immense, la défense de Paris et de la Liberté.

« Que les nations étrangères qui ont douté de vous, que les armées qui marchent contre vous ne l'ont-elles entendu ? Elles auraient eu le sentiment que le malheur a plus fait en quelques semaines, pour élever l'âme de la nation, que de longues années de jouissances pour l'abaisser. L'esprit de dévouement et de sacrifice vous a pénétrés, et déjà vous lui devez le bienfait de l'union des cœurs qui va vous sauver.

« Avec votre formidable effectif, le service

effectif de la garde dans Paris ne sera pas moins de 70,000 hommes en permanence. Si l'ennemi, par une attaque de vive force ou par surprise, ou par brêche ouverte, perçait l'enceinte, il rencontrerait les barricades dont la construction se prépare, et ses têtes de colonnes seraient renversées par l'attaque successive de dix réserves échelonnées..... A présent, à l'œuvre dans les neuf sections de la défense...... Préparez-vous à souffrir avec constance ; à cette condition vous vaincrez, »

Les termes flatteurs de cette proclamation resteront longtemps dans la mémoire de ceux qui les lurent sur les murs de Paris ou qui les entendirent de la bouche des fourriers. Chacun comprit ses devoirs et la tâche qui lui incombait dans l'œuvre de la défense. Les paroles du gouverneur avaient touché juste et avaient produit une heureuse impression.

XVII

Le cercle de l'armée allemande allait se rétrécissant de jour en jour et bientôt l'investissement de la Capitale allait être complet.

L'instruction pratique de la garde nationale était, il est vrai, encore à faire ; car l'enrôlement, l'armement, l'habillement et l'équipement avaient absorbé jusque là l'attention du nouveau gouvernement. De jour en jour cependant les consignes devinrent plus sévères : le service ayant été déclaré obligatoire, bien peu purent s'y soustraire. Les élections avaient pourvu aux vacances qui s'étaient produites dans les cadres, par suite de l'élimination de certains officiers dont les antécédants étaient peu faits pour assurer le respect de la discipline.

Mais il ne suffisait pas d'avoir revêtu plusieurs centaines de mille hommes d'un uniforme et de leur avoir donné un fusil, pour en faire des soldats : il fallait les mettre à même de prêter à la défense un concours sérieux et faire passer en eux le souffle patriotique, qui seul engendre les grands courages et donne naissance aux fortes idées de dévouement.

Ce fut en cela que consista la tâche des chefs de la milice parisienne. La plupart s'en acquittèrent avec une abnégation dont on ne saurait trop leur tenir compte. Citons à cette occasion l'ordre du jour qu'adressa à ses hommes, le 14 septembre, le commandant Colfavru, du 85me bataillon. Ce document, que je retrouve dans mes notes prises au jour le jour, pendant ces jours d'affliction publique, mérite d'autant plus d'être reproduit qu'il exprime de nobles sentiments et, qu'en outre, il est inédit. Il est ainsi conçu : « Citoyens, vous commencez aujourd'hui le service de guerre. Vous êtes réellement, dès ce jour, devant l'ennemi. Que l'approche de l'action vous rappelle la grande cause que nous allons défendre, la cause non plus de l'Empire, mais de la France, de la République, de la civilisation. Que tout homme soit soldat pour combattre l'ennemi ressuscité de 92 et 93, organe du despotisme féodal et militaire que les masses aveugles qui le servent et le suivent sont incapables de connaître et de maudire. Plus d'équivoque hypocrite aujourd'hui! C'est bien à la civilisation, déterminée et inspirée par la civilisation française, que les hordes allemandes font la guerre.

« Que Paris, la grande incarnation de la révolution, leur réponde. Soyons soldats, citoyens; prêts à tous les sacrifices, unis dans l'égalité du dévouement et dans la sainte fraternité du péril. Que la discipline sévère, inexorable, soit notre règle : là est le salut, là la condition du triomphe. »

Une autre question s'imposait encore à la sollicitude du gouvernement. Les ateliers étant fermés et les ouvriers sous les drapeaux, il fallait songer à assurer l'existence des défenseurs de la vieille Lutèce. Le gouvernement s'arrêta au seul moyen en sa possession : il résolut de délivrer, à ceux qui en auraient besoin et en feraient la demande, une solde journalière de 1 fr. 50.

XVIII

Cette allocation de 1 fr. 50 accordée aux gardes nationaux a eu le privilége d'accumuler contre cette institution toute une collection d'invectives de la part des gens qui ont l'habitude de critiquer tout ce qui n'est pas de leur bord. Nous ne ferons pas à ces insulteurs, qui appellent les défenseurs du sol français des hommes à trente sous, l'honneur de la moindre réfutation. Notre travail n'est point l'œuvre d'un homme de parti, c'est un récit impartial fait par un enfant de Paris qui raconte ce qu'il a vu, les événements auxquels il a été mêlé, et qui est fier de répéter l'antique mot du vieil Enée : *Quæ magna vidi et quorum pars..... fui.*

Le lecteur aurait eu tort de ne pas s'intéresser aux détails que je viens de donner sur la milice parisienne; car cet historique est indispensable pour bien suivre la suite des faits qui vont se dérouler. Si jusqu'ici j'ai dû me borner à un simple exposé des différentes phases de la réorganisation de la garde nationale de Paris, je vais avoir à m'occuper d'une période sinon plus honorable, du moins plus active.

En effet, nous sommes arrivés au 19 septembre, date à laquelle commence le siége de Paris. Les Allemands étreignaient la grande ville dans leurs griffes de fer et de feu, et il était impossible à personne de passer à travers leurs lignes. Le gouvernement de la défense décrétait qu'il serait créé un corps d'artillerie de la garde nationale, dont la formation et l'organisation seraient confiées au colonel d'état-major, Victor Schœlcher, ancien représentant du peuple, qui siégea depuis à l'Assemblée nationale. Ce corps, qui devait se composer de neuf batteries, eut l'occasion de se distinguer, comme on le verra plus loin.

Le jour même où les Prussiens, en dépit des efforts du général Ducrot, s'emparaient de la redoute de Châtillon, Gambetta, ministre de l'intérieur, faisait placarder la proclamation suivante :

XIX

RÉPUBLIQUE FRANÇAISE
—
MINISTÈRE DE L'INTÉRIEUR
—

« Citoyens, le canon tonne. Le moment suprême est arrivé. Depuis le jour de la Révolution, Paris est debout et en haleine. Tous, sans distinction de classes ni de parti, vous avez saisi vos armes pour sauver à la fois la Ville, la France.....

« Vous avez donné dans ces derniers jours la preuve la plus manifeste de vos mâles résolutions; vous ne vous êtes laissé troubler ni par les lâches ni par les tièdes; vous ne vous êtes laissé aller ni aux excitations ni à l'abattement; vous avez envisagé avec sang-froid la multitude des assaillants.

« Les premières atteintes de la guerre vous trouveront également calmes et intrépides et si les fuyards venaient, comme aujourd'hui (allusion à la débandade des zouaves) porter dans la cité le désordre, la panique et le mensonge, vous resteriez inébranlables, assurés *que la cour martiale qui vient d'être instituée par le gouvernement pour juger les lâches et les déserteurs saura efficacement veiller au salut public et protéger l'honneur national.*

« Restons donc unis, serrés les uns contre les autres, prêts à marcher au feu, et montrons-nous les dignes fils de ceux qui, au milieu des plus effroyables périls, n'ont jamais désespéré de la Patrie! »

Le lendemain, 20 septembre, le rapport militaire de la journée mentionnait la belle conduite de la garde nationale à la défense du pont de Sèvres contre les attaques incessantes de la cavalerie ennemie. Un certain nombre de carabiniers volontaires de la garde nationale s'y distinguèrent et empêchèrent, avec un détachement de gendarmerie à pieds, les chasseurs bavarois de s'opposer à la destruction du pont que le gouverneur avait ordonné de faire sauter par la mine.

XX

Le même jour, la garde nationale de Sèvres se signala par sa brillante attitude. Le chef de bataillon Dardel avait reçu l'ordre de faire replier ses hommes sur Paris, aussitôt que l'ennemi ferait son apparition dans la commune. Il prit ses mesures en conséquence et, pour parer à toute éventualité, fit distribuer des cartouches à son bataillon. Le lundi matin, les Allemands furent annoncés par les grand'gardes qui se rallièrent à leurs compagnies respectives, comme il avait été prescrit. A huit heures et demie, un officier Wurtembergeois, suivi d'un peloton de cavalerie, s'aventura jusqu'à la Mairie où se trouvait un poste de gardes nationaux. Ceux-ci allaient faire feu sur les envahisseurs, lorsque l'officier allemand fit comprendre qu'il venait en parlementaire, précédant de quelques kilomètres seulement 1200 Prussiens. Le maire s'avança pour prendre connaissance des intentions de la troupe ennemie : on lui fit savoir que le chef de la colonne exigeait que les gardes nationaux missent bas les armes. Malgré leur petit nombre, ceux-ci refusèrent catégoriquement de se rendre et plus d'un lança aux cavaliers allemands le mot de Cambronne, en se disposant à faire feu.

Déjà les Allemands sont couchés en joue, lorsque le maire, prévoyant l'inutilité de cet acte et les conséquences qui pourraient en résulter, à l'arrivée du gros de l'armée d'occupation, obtempère à ces patriotes l'ordre de ne pas tirer. On obéit à regret. Le poste est évacué et l'on se replie sur le pont de Billancourt. Pendant la route, l'on rencontre de nouveaux cavaliers allemands. Cette fois, le maire n'est plus là pour défendre de tirer : une décharge bien nourrie accueille les éclaireurs du roi Guillaume qui s'enfuient au galop de leurs chevaux.

La garde nationale de Boulogne (39me bataillon) s'est également honorée à la défense des ponts de Sèvres, de Billancourt et de Saint-Cloud, qui, comme on le sait, servent de voie de communication entre le département de la Seine et celui de Seine-et-Oise.

La compagnie des carabiniers du 39me bataillon, commandée par le capitaine Lambert et le sous-lieutenant Burtaux, avait à défendre ces ponts contre plusieurs détachements de hussards du régiment de Blucker. Elle s'est vaillamment comportée et a opposé à l'ennemi une vigoureuse résistance. Celui-ci eut dix hommes hors de combat, et laissa un prisonnier entre les mains des gardes gationaux. Les hussards prirent la fuite, abandonnant sur le lieu de la lutte différentes armes que les miliciens rapportèrent au quartier général.

Le but fixé était atteint et l'amiral commandant le 6me secteur pouvait télégraphier au gouverneur la dépêche suivante : « Raphaël, 19 septembre, 9 h. soir. *La garde républicaine rentre de sa tournée extérieure et prévient que les trois ponts de St-Cloud, Sèvres et Billancourt ont sauté ce soir.* »

Sur un autre point, un groupe de gardes nationaux des 58me et 204me bataillons était aussi aux prises avec les éclaireurs ennemis.

S'étant avancés jusqu'à la fourche de Champigny, ils trouvèrent les Allemands occupés à construire des ouvrages en terre. Après s'être établis dans les maisons du Perreux, les gardes nationaux tirèrent sur les travailleurs une partie de l'après-midi. Un capitaine adjudant-major eut le poignet droit fracassé par une balle.

XXI

On le voit, dès les premiers jours du siége, la milice parisienne prenait une part active aux opérations de la défense et témoignait par là qu'elle ne demandait qu'à être utilisée.

Le général Trochu, dans son rapport militaire sur la journée du 22 septembre, cite un garde national blessé dans une reconnaissance faite en avant du fort d'Issy par une colonne de mobiles à laquelle il servait de guide.

A cette époque, la garde nationale comprenait 244 bataillons de 1500 hommes chacun, en moyenne. Elle comportait donc un affectif approximatif de 390,000 hommes, la plupart animés des meilleures intentions. A la faveur du tohubohu produit par les évènements, certaines élections n'avaient pas eu lieu avec tout le calme désirable, ce qui avait permis à certaines personnalités d'obtenir, par surprise, des grades leur donnant le droit de porter un képi et une vareuse plus ou moins galonnés, et de parader sur un cheval caparaçonné en raison de leur ignorance et de leur incapacité.

C'était le cas d'un sieur Jules Ballot compromis dans l'affaire du procès de Blois où sa conduite avait été des moins honorables, pour ne pas dire plus. Il avait été élu commandant de je ne sais plus quel bataillon, grâce à l'influence et aux efforts de quelques meneurs. Mais un beau jour, le 26 septembre, je crois, on lisait au *Journal officiel* les lignes suivantes :

« Une instruction judiciaire a été ouverte relativement à des faits antérieurs à la dernière révolution. Le nommé Jules Ballot, y impliqué, a compris de lui-même qu'il ne pouvait conserver son grade de chef de bataillon de la garde nationale, et n'a pas attendu sa destitution : il a envoyé sa démission. »

XXII

La révocation du commandant Ballot, pour cause d'indignité, ne fut malheureusement pas la seule que le gouvernement de la Défense nationale ait dû prononcer pendant la durée du siége. Nous verrons dans la suite qu'il fut souvent obligé de prendre cette mesure disciplinaire, autant pour maintenir le principe de l'obéissance hiérarchique que pour donner à réfléchir à certaines personnalités remuantes, plus disposées à pérorer qu'à se battre.

A vrai dire, si le gouvernement eut à réprimer, à diverses reprises, des abus compromettant la défense, par contre, l'occasion ne lui manqua pas de constater que la partie honnête de l'agglomération parisienne ne demandait qu'à obéir. Nous venons d'en donner une preuve, en relatant la belle conduite du 39me bataillon. Ce beau fait fut l'objet d'un rapport spécial à l'amiral Fleuriot de Langle, commandant le 6me secteur, qui s'y connaissait en matière de courage, et le lendemain, le document suivant était dicté à la salle des rapports :

ORDRE DU JOUR

« L'amiral commandant le 6me secteur porte à
« l'ordre du jour du secteur la compagnie du

« 39ᵐᵉ bataillon qui a eu pendant cinq jours la
« garde des ponts de Billancourt, Sèvres et Saint-
« Cloud, et particulièrement le sous-lieutenant
« Burtaux, les gardes Tiercelin, Burtaux (Émile),
« Meïs, Collin, Bouhou et Vallès, qui ont fait une
« brillante reconnaissance sur la rive gauche de
« la Seine et ont repoussé un détachement
« ennemi.

« L'amiral est heureux de féliciter par la voie
« de l'ordre, le sous-lieutenant Burtaux, blessé
« d'un coup de feu au flanc, qui a conservé le
« commandement de ses volontaires jusqu'à la fin
« de la reconnaissance.

« Auteuil, le 19 septembre 1870.
   « *L'amiral commandant le 6ᵐᵉ secteur,*
      « FLEURIOT DE LANGLE. »

Certes, une troupe qui méritait d'être louée en de tels termes pouvait être fière d'elle-même et donnait aux autres fractions de la défense un bel exemple à imiter.

Mais voici une pièce *inédite*, comme beaucoup de celles que je cite, d'ailleurs, et qui prouve que si dans certains quartiers la milice parisienne se prêtait docilement aux exigences de l'organisation, dans d'autres, on cherchait surtout à pêcher en eau trouble, grâce à des *trucs* peu avouables.

ORDRE DU JOUR
Régiment de Belleville

« Le sergent Ménétrier, du 174ᵐᵉ bataillon, 5ᵐᵉ
« Compagnie, a déclaré avoir trois enfants (il n'en
« avait pas), afin d'avoir des secours; ce sergent
« a été cassé immédiatement de son grade par le
« capitaine de la 5ᵐᵉ Compagnie.

« Si pareil fait honteux, indigne de la Répu-
« blique, venait à se reproduire, nous serions
« obligé de sévir plus sévèrement encore, en
« infligeant une punition exemplaire.
   « *Le commandant en chef des quatre bataillons.*
            « Signé : GUSTAVE FLOURENS.
« Paris, 22 septembre 1870. »

En dépit de ce blâme officiel, les malversations suivirent leur cours. Beaucoup restèrent inconnues; mais un certain nombre ayant été découvertes, leurs auteurs eurent à répondre de leurs coupables manœuvres à la justice militaire et furent traduits devant les conseils de guerre. Chose triste à dire, parmi les accusés, plusieurs appartenaient au corps des officiers.

XXIII

Les mauvais garnements ne manquaient pas dans la garde nationale, et dès les débuts du siége ils essayèrent de lever la tête. Quelques-uns en vinrent à leurs fins et arrivèrent à se faire pourvoir d'un commandement. Mais comment des gens incapables d'obéir à leurs supérieurs auraient-ils pu se faire respecter de leurs subordonnés et maintenir l'ordre dans un bataillon, alors qu'ils auraient été fort embarassés pour organiser une simple escouade? Aussi que de scènes écœurantes se produisirent, lorsqu'ils voulurent obtenir de leurs hommes l'obéissance qu'eux-mêmes foulaient aux pieds. Ce fut un véritable gâchis et les gens de bon sens se demandaient déjà si l'on pourrait jamais venir à bout des mutins. En un mot, beaucoup désespéraient même de la défense, en présence de l'indiscipline que certains bataillons semblaient avoir pris à cœur de pratiquer. Enfin le Gouvernement, pour mettre ordre à cet état de choses, prit le parti de déférer aux conseils de guerre les crimes et les délits qui viendraient à être commis, pendant la durée du siége, par des gardes nationaux. Un décret en ce sens fut publié le 27 septembre et fixa le mode de fonctionnement des nouveaux conseils de guerre, qui, aux termes de l'article 1, devaient appliquer les peines édictées par le code de justice militaire aux crimes et délits commis dans le service, et la loi commune à ceux commis en dehors du service. Les considérants de ce décret rappelaient fort à-propos qu'il ne pouvait exister de force militaire sans une discipline rigoureuse, et insistaient sur ce point, que la garde nationale, sur laquelle reposait alors la sécurité de la capitale et le salut de la Patrie, et qui se montrait, par son excellent esprit et les progrès rapides de son éducation militaire, à la hauteur des grands devoirs qui lui étaient imposés, devait être astreinte désormais aux lois qui régissent, en face de l'ennemi, toute armée régulière.

Ce décret fut mis au rapport et accompagné de la proclamation suivante du général Tamisier :

« Gardes nationaux de la Seine,

« Un décret du gouvernement de la Défense
« nationale a paru hier pour fixer les bases de la

« discipline dans la garde nationale qui forme
« maintenant une armée appelée au service de
« guerre. Par votre attitude énergique et par
« votre dévouement, au niveau de toutes les
« obligations les plus dures de la vie militaire,
« vous avez, depuis que la République a été
« fondée, donné l'exemple d'une armée de plus de
« trois cent mille citoyens conservant l'union et
« la paix dans son propre sein et dans la cité,
« sans que les chefs aient été contraints de punir.
 « Quelques actes isolés d'insubordination qu'ont
« déterminés la rapidité de l'organisation de vos
« bataillons et les difficultés du moment, ont été
« réprimés par vos propres efforts, à la voix de
« vos chefs. Mais pour conserver cette organisa-
« tion si promptement formée, il ne faut pas y
« laisser pénétrer des germes de dissolution ; il
« ne faut pas qu'au moment où vous aurez à
« combattre, à repousser l'ennemi, vous ayez à
« détourner vos forces vers un autre but. Vous
« êtes une armée constituée pour la défense de la
« République française ; pour rester soldats et
« pour vaincre, il faut obéir aux ordres des chefs
« et aux lois du pays.
 « Le décret rendu hier par le gouvernement de
« la Défense nationale est la loi du Pays, la loi
« de la garde nationale, la loi de Paris, la loi de
« la France. »

Pour une proclamation flatteuse, celle que l'on vient de lire pourrait passer comme le modèle du genre ; n'en déplaise au général Tamisier, qui, je crois, est aujourd'hui sénateur, elle avait cependant le grave inconvénient de manquer de justesse. Ce général eut toujours le tort, qu'on me passe le mot, de prâliner les reproches. On eût dit d'un homme qui craignait de sévir. Et pourtant c'était bien le cas de mettre en pratique le fameux proverbe : *Qui benè amat, benè castigat*, qui aime bien, châtie bien. Au lieu de cela, on feignait, à l'état-major de la place Vendôme, de fermer les yeux sur les désordres, dans l'espoir qu'ils cesseraient d'eux-mêmes. Ce fut un tort, comme le prouvera la lecture de quelques comptes-rendus des Conseils de guerre, que je mettrai, en temps opportun, sous les yeux de mes lecteurs.

XXIV

Le langage du général Trochu était tant soit peu plus énergique; mais sous la grosse voix du père Fouettard, le gouverneur de Paris ne savait pas dissimuler la faiblesse du papa. Il criait fort, pour qu'on prît peur, sans se préoccuper de mettre en pratique ses menaces. Sous le bénéfice de ces réflexions, on ne peut cependant ne pas reconnaître que le général, à défaut de fermeté, avait cependant une grande perspicacité, témoin la note suivante qu'il fit lire aux bataillons, le 29 septembre :

« La ville de Paris tout entière sous les armes offre au pays le grand exemple d'une population que rien n'a pu entraîner au désordre. Mais l'esprit public qui a déjoué, sous ce rapport, l'espoir de l'ennemi, paraît céder à une fièvre de défiance qui a ses périls.

« Devant de vaines apparences, et sous les prétextes les plus futiles, de véritables violations de domicile ont eu lieu et des sévices ont été exercés contre les personnes. Il est même arrivé que le drapeau des nations amies, notoirement sympathiques à la République française, n'a pu suffire à faire respecter les demeures qu'il protégeait, et que des officiers de la garde nationale ont méconnu leur devoir au point de compter parmi les fauteurs de désordre.

« J'ordonne qu'une enquête soit ouverte à ce sujet, et je prescris l'arrestation des personnes qui seront reconnues coupables de ces graves abus. Le service de vigilance est organisé de manière à rendre vaines les intelligences que l'ennemi voudrait entretenir dans la place, et je rappelle à tous qu'en dehors des cas prévus par la loi, le domicile des citoyens est inviolable.

« De tels actes troublent la paix publique, atteignent tous les principes de justice et de droit et sont contraires aux plus chers intérêts, comme à la dignité des défenseurs de Paris. »

« *Le gouverneur de Paris,*
« Signé : Général TROCHU. »

Les faits signalés dans la note du gouverneur étaient réels, et il était temps que le général intervînt pour réprimer les abus qui se commettaient chaque jour sous le nom de *chasse aux Prussiens.* Les braves sédentaires croyaient avoir bien mérité de la Patrie, lorsqu'ils avaient *courageusement* cherché, de la cave au grenier, un espion imaginaire, qu'on ne trouvait naturellement pas, après avoir mis tout le monde sens dessus dessous et scruté les placards, les armoires et autres réceptacles où on le croyait caché. Le sentiment qui guidait ces vigilants miliciens était, certes, des plus honorables; mais les recherches portaient presque toujours à faux; car il suffisait d'avoir des allures réservées ou de loger aux étages supérieurs des maisons, pour être soupçonné d'intelligences avec les assiégeants. Une simple chandelle tenue allumée, le soir, par un travailleur dont le labeur se prolongeait un peu tard, passait pour être un signal fait par un espion de l'intérieur aux soldats de Bismarck. La plupart du temps, il y avait méprise, et, à ce point de vue, il fallait que l'autorité s'interposât pour ralentir un peu le zèle des néophytes. Il ne s'ensuit pas, cependant, que toutes les mesures prescrites par la plus vulgaire prudence aient été prescrites par le Gouvernement, pour empêcher que les Allemands ne donnassent la main à ceux des leurs, avec lesquels ils avaient noué des intrigues dans la ville. Il faut avouer, au contraire, que l'on fut trop insouciant à cet égard, et pendant tout le siége, les journaux de Paris furent régulièrement adressés par des gens *ad hoc* aux avant-postes allemands, de sorte que l'ennemi savait aussi bien que n'importe quel Parisien tout ce qui se passait dans la ville. Le gouvernement de la Défense nationale a encouru de ce chef une responsabilité d'autant plus grande que son incurie fut la cause de bien des malheurs.

XXV

Jamais l'amour du galon n'avait été aussi vif que dans les premiers temps du siége de Paris, et on n'avait oncques vu, de mémoire de passementier, un tel débit de galons d'or et d'argent. Beaucoup de personnes semblaient ignorer que l'on avait pas uniquement armé les citoyens pour leur donner le droit de parader sur les places publiques ou de parcourir les boulevards, le fusil orné des dépouilles des jardins de la banlieue, en accompagnant la marche d'un chant quelconque, par exemple : *la Marseillaise, le Chant du départ* et *tutti quanti*.

Il fallut encore l'intervention du Gouverneur pour mettre fin à cet état de choses. La voie de l'ordre du jour fut choisie pour rappeler chacun au sentiment de la situation. « Des groupes de la garde nationale, disait le gouverneur, quelques-uns sous le commandement de leurs officiers, se sont livrés, ces jours-ci, à des manifestations dont le caractère essentiellement pacifique n'a pas troublé l'ordre dans Paris.

« Mais à ce moment-là même l'ennemi, dont les principales concentrations sont effectuées, construisait des batteries à portée de nos forts, qui ouvraient le feu contre ces travaux.

« Le siége est donc commencé ; nous avons des blessés et des morts.

« La place de tous est sur le rempart ou dans les réserves, et ceux-là même qui ne sont commandés pour aucun service doivent se tenir dans leurs quartiers respectifs prêts à répondre à l'appel de la défense.

« Ce n'est pas l'heure assurément des promenades à travers la ville, et de ces manifestations qui portent atteintes au principe militaire, et font un pénible contraste avec la gravité de la situation où est le pays.

« Nous avons à présent d'impérieux et pressants devoirs qui dominent de bien haut toutes les préoccupations politiques, et je veux les résumer ici en quelques mots : *Il faut être au combat, ou prêt pour le combat.* »

Cet avertissement fut compris des bataillons qui renoncèrent, pour quelque temps du moins, à l'innocent plaisir des manifestations.

XXVI

Le service aux bastions avait été définitivement organisé, et chaque matin un certain nombre de bataillons venaient relever ceux qui avaient pris la garde la veille. La réunion des bataillons ne laissait pas que d'être pittoresque. Les gardes nationaux, prévenus du jour où leurs bataillons respectifs devaient aller aux remparts, faisaient leur toilette au grand complet pour le lendemain. Chacun astiquait son ceinturon, sa cartouchière et son porte-baïonnette, comme s'il se fût agi d'une revue; quant au fusil, le *flingot* de légendaire mémoire, il n'était pas le moins choyé; il n'y avait pas d'attentions qu'on ne prît à son égard pour lui donner le plus *de chic* possible.

De hâvre-sac, on en avait pas encore, une musette en tenait lieu et recevait les provisions de bouche, qui, à cette époque, étaient loin de manquer. Après s'être assuré que rien ne manquait aux effets d'habillements, qui ne se composaient encore que d'un képi, d'une vareuse et d'un pantalon, on prenait le train pour le royaume de Morphée jusqu'au lever du jour. Le clairon parcourait alors chacune des rues habitées par les hommes de la compagnie, sonnait l'assemblée et rappelait aux retardataires que les camarades qui avaient passé la nuit aux bastions demandaient à venir, à leur tour, faire un brin de causette avec leurs oreillers. En un instant, les compagnies étaient rassemblées, l'appel fait et l'on rejoignait les autres compagnies, au lieu de réunion du bataillon, où le commandant, après avoir donné ses instructions aux officiers subalternes, donnait le signal du départ, drapeau déployé, cantinière en tête, le képi sur l'oreille, le bidon au côté, la taille ornée d'un élégant ceinturon, supportant un artistique sabre-poignard. Les clairons ouvrant la marche et alternant avec les roulements des tambours enlevaient le pas, et l'on arrivait avant le grand jour au rempart, où notre arrivée était accueillie par des signes non équivoques de joie.

Une fois les factionnaires placés, on formait les faisceaux et chacun s'éparpillait aux alentours du poste, attendant son tour de garde.

On charmait les loisirs que laissaient les corvées en jouant au gardenationalesque jeu du bouchon : on ne faisait pas encore la chasse aux matouts. Et cependant, si l'on avait su ce que l'avenir nous préparait, quelle récolte l'on eût fait ! De petites excursions humouristiques dans le périmètre réglementaire achevaient la journée et se prolongeaient bien souvent jusqu'au lendemain matin ; car il ne fallait pas penser à dormir, et à moins d'être doué d'une fameuse dose de bonne volonté et de patience, on eût eu fort à faire pour pouvoir déjouer les complots ourdis par certains loustics contre les dormeurs. En ce qui me concerne, je préférais me promener en compagnie de quelque camarade, le long du chemin militaire, en arrière du rempart, devisant sur l'histoire et la littérature des siècles passés. Ces colloques ne manquaient pas d'un certain charme ; favorisés par une nuit dont la tranquillité n'était troublée que par le bruit sourd des canons des forts qui grondaient au loin, nous n'avions pour témoins de nos entretiens que les silhouettes des factionnaires disparaissant littéralement sous leurs amples capotes. Au petit jour, cependant, la bise commençant à se faire sentir, on se rapprochait des feux de bivouac, où quelques camarades bien avisés avaient fait la popote ; mais bientôt l'heure d'être relevés arrivait et nous interrogions l'horizon, dans l'espoir d'y apercevoir le bataillon qui .levait nous remplacer. Son arrivée mettait fin à nos angoisses et nous permettait de rentrer dans nos quartiers respectifs, jusqu'au jour où le roulement établi par l'état-major nous ramènerait au bastion.

XXVII

Il ne faut pas cependant croire que dans les premiers jours du siége le service de la garde nationale se bornait à la garde aux remparts. Les bataillons avaient aussi fort à faire pour l'instruction des nouvelles recrues et chaque jour, à heure fixe, les compagnies se réunissaient séparément à leurs postes respectifs, pour de là se rendre sur le terrain de manœuvres, dont le choix était laissé à la sagacité du capitaine.

Entre temps, certains bataillons trouvaient l'occasion de faire le coup de feu avec l'ennemi : j'en ai déjà rapporté un exemple. En voici une nouvelle preuve.

C'était le soir du 30 septembre : l'ennemi venait d'envahir le territoire de la commune de Reuil, en Seine-et-Oise, sur la limite du département de la Seine. Un détachement de cavaliers allemands s'était hasardé dans le pays, sans rien rencontrer sur sa route qui lui fît résistance, lorsqu'il se trouva tout-à-coup en face de deux sections de gardes nationaux, en tout soixante hommes, précédés du président de la commission municipale, M. Paul Olivier, et commandés par le chef de bataillon Darrigade, accompagné de l'adjudant-major Rude. Le magistrat interpella le commandant de la troupe ennemie, et lui fit savoir que les gardes nationaux étaient décidés à vendre chèrement leurs vies, si la cavalerie prussienne tentait de s'avancer plus avant. Pour toute réponse l'officier prussien tira son sabre et commanda le feu. Les gardes nationaux essuyèrent la décharge sans se déconcerter, et répondirent par une vigoureuse riposte : trois Prussiens restèrent sur le carreau. Les autres prirent la fuite et rejoignirent le gros des forces allemandes, à Bougival. Le commandant Darrigade fit replier ses hommes sur Paris, jugeant la position intenable, et se proposant d'en référer au Gouverneur, à la disposition duquel il mit sa troupe.

C'est à peu près vers cette époque que dans l'éventualité d'une participation plus active de la garde nationale aux efforts de la défense, on s'occupa de l'organisation d'ambulances spéciales dites *ambulances de la garde nationale*. Un comité composé d'hommes dont l'honorabilité égalait les capacités, fut chargé de cette organisation. Citons MM. le général Tamisier, commandant supérieur, président honoraire; Hauréau, membre de l'Institut; Mgr Darboy, archevêque de Paris; le docteur Horteloup, chirurgien-major de l'état-major; le docteur Maisonneuve, chirurgien en chef de l'Hôtel-Dieu; le baron Alphonse de Rothchild; le comte de Flavigny, président, et le comte Serrurier, vice-président de la Société Internationale.

Aussitôt installé, le comité adressa *un appel aux Parisiens*. En voici quelques extraits :

« Chers concitoyens,

« Les graves et périlleux événements que nous
« allons traverser nous imposent la douloureuse
« nécessité de penser aux misères qu'ils vont faire
« naître. Dans quelques jours, la garde nationale
« sédentaire, cette grande famille étroitement
« unie pour la plus noble des causes, va com-
« battre et donner son sang pour défendre et
« sauver notre honneur national. Quelques-uns
« tomberont martyrs de leur bravoure et de leur
« patriotisme. Pensons à eux! Pensons à l'anxiété
« de la mère et de l'enfant qui verront partir le
« mari, le père, qu'une blessure peut ramener au
« logis sans feu et peut-être sans pain! Unissons-
« nous dans un même sentiment d'humanité et
« de fraternité. Que ceux qui possèdent viennent
« en aide aux plus pauvres. Faisons un suprême
« effort : imposons-nous de nouveaux sacrifices
« pour calmer les angoisses des familles et faire
« face aux malheurs qui nous menacent. Que
« chacun apporte son offrande, si minime qu'elle
« soit. Donnez, mais donnez vite, car dans
« quelques jours, nous aurons des infortunes à
« soulager, des blessés à soigner. »

Cet appel fut entendu et bientôt les nouvelles ambulances purent fonctionner. Chaque voiture, conformément à la Convention de Genève, était protégée par le drapeau de la Société internationale de secours aux blessés, drapeau que tout le monde a connu, avec la croix couleur de sang se détachant sur un fond blanc.

Le gouvernement voulut aussi doter la garde nationale d'un corps de train : ce fut dans la dernière dizaine de septembre qu'un décret fut rendu en ce sens. Ce décret prescrivait la formation d'un corps du train de la garde nationale, spécialement affecté au service de l'artillerie et des transports pendant le siége, et recruté exclusivement dans le personnel de la Compagnie Générale des Omnibus et de la Compagnie Générale des Voitures. Un arrêté du gouverneur décida que la Compagnie des Omnibus, — attendu que pour obéir aux réquisitions de trains qui lui pouvaient être faites, et pour effectuer les commandes qu'elle pouvait recevoir d'objets nécessaires à l'armée, était obligée d'avoir constamment à sa disposition toutes les personnes attachées à son service, — un arrêté du gouverneur de Paris décida, dis-je, que le personnel de la Compagnie des Omnibus formerait un bataillon spécial de la garde nationale. Aux termes de cet arrêté, des postes devaient être affectés à ce bataillon, sur les points qui seraient reconnus nécessaires pour la garde des quartiers où étaient situés les établissements. En outre, la Compagnie devait, sans interrompre le service des voyageurs, tenir à la disposition du gouverneur cent voitures attelées pour le transport des troupes, des blessés et des munitions de toute nature.

XXVIII

Les mesures prises par le Gouvernement, pour assurer la bonne organisation de la garde nationale, étaient bien de nature à enflammer les plus sceptiques, ceux qui ne croyaient qu'à moitié à la possibilité d'une défense efficace. En effet, qui eût pu douter des bonnes intentions du Gouverneur, en le voyant pourvoir, dès les premiers jours du siège, à tous les besoins? La garde nationale possédait déjà plus de 260 bataillons d'infanterie, non compris les corps de cavalerie, d'artillerie, de train et d'ambulances. Il manquait du génie. L'état-major constitua un corps d'ingénieurs, chargés de construire dans les neuf secteurs des abris casematés. M. Tresca, ingénieur en chef, fut placé à la tête de ce corps, qui se composait de neuf ingénieurs principaux, ayant chacun sous leurs ordres cinq ingénieurs. En outre, tous les bataillons non pourvus d'armes, furent mis à leur disposition pour l'exécution des travaux, et reçurent le nom de *Génie auxiliaire*, tout en restant assimilés pour la solde et le commandement aux autres bataillons.

XXIX

A la faveur des événements, un certain nombre d'hommes habitant Paris, âgés de 25 à 35 ans, appelés sous les drapeaux par la loi du 10 août 1870, et pouvant être astreints au service dans l'armée active, s'étaient, à raison de cette circonstance, dispensés de se faire inscrire sur les contrôles de la garde nationale sédentaire. Le gouverneur qui avait l'œil à tout, ou qui du moins paraissait l'avoir, invita les Maires des arrondissements à procéder d'office à l'inscription des hommes compris dans cette catégorie, et à les avertir que le service de la garde nationale était obligatoire pour eux, les opérations militaires devant retenir dans l'enceinte de Paris le plus grand nombre d'hommes en état de porter les armes. Cette invitation eut son effet et des milliers d'individus qui, par ignorance ou par négligence, n'avaient pas demandé leur inscription sur la liste des défenseurs de la Capitale, vinrent augmenter singulièrement l'effectif des bataillons existant. C'est à ce moment-là que le gouvernement eût dû commencer à utiliser la garde nationale : la loi le lui permettait et il avait prévu lui-même (décret du 15 septembre) le cas où des corps détachés des gardes nationales sédentaires seraient appelés à faire un service hors du territoire de la commune, ou même un service de corps mobilisés pour seconder l'armée de ligne. Malheureusement, la circulaire qui fut adressée à cette occasion par le ministre de l'intérieur d'alors, M. Gambetta, fut lettre morte, du moins en ce qui concernait la ville de Paris. Et cependant que de services n'auraient pas rendus ces compagnies détachées? Dans l'esprit du jeune ministre, elles devaient être prêtes, suivant les éventualités de la guerre et les besoins de la défense nationale, à être mises à la disposition du ministre de la guerre, à qui revenait la tâche de les utiliser, et qui devait avoir sur elles toute l'autorité que confèrent les lois militaires.

Mais n'empiétons pas sur la deuxième partie de cet ouvrage, qui nous montrera les Mobilisés de la Seine à l'œuvre et dont la lecture sera indispensable à tous ceux qui voudront connaître le Siége de Paris sous son véritable aspect.

XXX

Je ne terminerai pas cependant la première partie de ces *Éphémérides* sans adresser de sincères remerciments à l'honorable M. Coste, directeur du journal le *Bon Diable*, de Taulignan (Drôme), qui a bien voulu accorder à mon travail l'hospitalité de ses colonnes, et m'a facilité ainsi les moyens de faire connaître mon œuvre à ses milliers de lecteurs.

Je crois, enfin, que cette première partie doit être considérée comme une simple introduction aux faits et gestes de nos frères d'armes pendant le siège de Paris. Mon désir le plus vif est que ceux qui n'étaient pas à Paris, à cette époque, trouvent dans ces pages matière à de saines réflexions, et que ceux qui ont été des nôtres dans ces temps d'épreuves se fortifient au souvenir des événements d'autrefois.

FIN DE LA PREMIÈRE PARTIE

APPENDICE

SOCIÉTÉ DES VOLONTAIRES

1870-1871

Le Conseil, sur la proposition de la Commission, après examen des pièces, décerne à M. ENFONCE (Eugène-Siméon) le présent Brevet afin de perpétuer le souvenir de ses services et de son dévouement dans la Lutte Nationale contre l'Invasion, et en a décidé l'inscription sur le Registre Matricule au n° 941.

Le Président,   Le Président honoraire,   Le Vice-Président,
Intendant général   baron TAYLOR.   HAMBURG.
WOLF.

Vu et enregistré par la commission, le 5 avril 1877.
DE CURTY.   HAMBURG.
(Locus Sigilli)   (Locus Sigilli)

SERVICES	Batailles. Actions d'éclat
Sergent-Fourrier 18me Régiment de Paris 247me Bataillon de Marche	Siège de Paris 1870-1871

GARDE NATIONALE MOBILISÉE DE LA SEINE

EXTRAIT DES CONTROLES

(Locus Sigilli)

18ᵐᵉ Régiment de Paris, 247ᵐᵉ Bᵒⁿ de Marche, Cⁱᵉ de Volontaires

Nom	ENFONCE	*Domicile* : 75, rue Pigalle.
Prénoms	Eugène Siméon	*Arrondissement* : 9ᵐᵉ.
Grade	Sergent-Fourrier	*Secteur* : 4ᵐᵉ.
Né à	Paris	*Incorporé le* : 11 novembre 1870.
Le	7 avril 1851	*Services antérieurs* : Garde du Corps Civique; Garde à la 7ᵐᵉ Cⁱᵉ Sᵈʳᵉ du bataillon.
Profession	Étudiant	*Bataille de* : Montretout-Buzenval, 19 janvier 1871.

FRANCE — PATRIE

SOCIÉTÉ DES VOLONTAIRES
DE 1870-1871

Sur le rapport de la Commission,
Le Conseil d'Administration décerne
à M. ENFONCE (Eugène Siméon)
la Médaille des Volontaires de 1870-1871

Enregistré n° 941.

Le Secrétaire,
E. LACOMBE.

Le Président,
Intendant-général
WOLF.

Le Vice-Président,
G. HAMBURG.

MDCCCLXXII

Anima nostra Deo. Proximo Vita nostra. Salvare vel Perire.

DIPLOME D'HONNEUR

Le Comité supérieur du PANTHÉON DES SAUVETEURS de France et de l'Etranger a décerné un DIPLOME D'HONNEUR à M. ENFONCE, homme de lettres, dans sa séance du 21 avril 1877,

EN SOUVENIR DE SES BELLES ACTIONS.

Lyon, le 21 avril 1877.

Le Président,
PARRAT.
L'Archiviste,
BLANC.

Le Vice-Président,
Justin PEULET.
Le Vérificateur,
RENAUD.
Le Trésorier, BUREAU.

Le Secrétaire général,
PEULET.
Le Secrétaire-adjoint,
DESCHAMPS.

SOCIÉTÉ DES CHEVALIERS SAUVETEURS DES ALPES-MARITIMES

Dévouement
Honneur
et
Patrie

Courage
Sauver
ou
Périr

Le Comité des Récompenses a décerné le titre de **CHEVALIER-SAUVETEUR** à M. ENFONCE, homme de lettres

Lauréat de plusieurs Sociétés humanitaires

Le Directeur-Président-Fondateur,
Chevalier de la Légion d'honneur,

Le Vice-Président,
Chevalier DE MONTOLIVO.

Commandant L. FÉRAUD.

Le Secrétaire général,
C. MOUHOT.

Le Trésorier général, Chevalier de la Légion d'honneur,
Capitaine GUIEN.

Fait à Nice, en séance du 4 novembre 1877. Enregistré sous le n° 160, lettre E.

« Dans son assemblée générale annuelle, tenue le 9 décembre 1877, dans le Grand Amphithéâtre de la Sorbonne, sous la présidence de M. l'Intendant général Wolf, grand-croix de la Légion d'honneur, ancien intendant en chef de l'armée du Rhin et de l'armée de Paris, la *Société des Volontaires de 1870-1871* a élu Censeur, à l'unanimité de près de 1000 votants. M. Eugène Enfonce, ancien sergent-fourrier au 18me Régiment de Paris, (compagnie des Volontaires du 247me B^{on}), auteur des *Éphémérides des Mobilisés de la Seine*, de *Buzenval*, poésie, et de l'*Historique de la bataille de Montretout-Buzenval*. »

EXTRAIT

DU N° 18 (PAGE 290)

de

l'*Union littéraire des Poètes et des Littérateurs*

« Encore une œuvre patriotique dont nous recevons la 4me édition. Elle est due à notre vaillant confrère Eugène Enfonce, qui, en 1870, a quitté la plume pour endosser la casaque militaire, dans le 18me Régiment de Paris, où il s'est signalé par de nombreux traits de courage et de dévouement, et notamment à Buzenval dont il entreprend aujourd'hui de nous retracer le tableau.

« On trouve, dans cet opuscule vivifiant, l'a-
« mour de la Patrie joint à beaucoup de sensibi-
« lité et d'émotion.

« Les vers sont d'une rare pureté et d'une
« grande vigueur, les pensées sont empreintes de
« cette force d'âme qui caractérise les hommes
« de cœur, dont les sentiments sont à la hauteur
« de l'intelligence, et le cri de malédiction qui
« s'échappe de ces vers indignés a dû certaine-
« ment trouver un écho dans les cœurs de tous
« les vrais citoyens.

« JEAN BERNARD. »

L'ancien et populaire lieutenant-colonel du 18me Régiment de Paris, dans lequel l'auteur de *Buzenval* a servi, a bien voulu agréer l'hommage de cette poésie, et a honoré M. Eugène Enfonce de l'autographe suivant :

« Compliments, remercîments et souvenir affectueux.

« J.-A. LANGLOIS,
« *Député de Seine-et-Oise.* »

Le lieutenant-colonel Langlois est actuellement chargé de faire le rapport sur le budget de la guerre. C'est un des deux députés à qui la Chambre a confié la mission de vérifier sur place l'état du matériel de nos arsenaux.

Imprimerie Jabert fils, à Valréas.

PUBLICATIONS D'EUGÈNE ENFONCE

ARMÉE TERRITORIALE (Épuisé) 5 Éditions.

BUZENVAL POËME (4me Édition)

LA CONSCRIPTION CHANSON PATRIOTIQUE, 2 Édit.

HISTORIQUE DE LA BATAILLE DE MONTRETOUT-BUZENVAL

ÉPHÉMÉRIDES DES MOBILISÉS DE LA SEINE.

ESSAI HISTORIQUE SUR LA RÉPUBLIQUE **DE SAINT-MARIN.**

DERNIÈRES PAROLES MÉLODIE avec MUSIQUE

LA MUSE PARISIENNE, RECUEIL DE POÉSIES.

ALBUM DES SOCIÉTÉS

DICTIONNAIRE DES SEIGNEURS DE L'ANCIENNE FRANCE

ENCYCLOPÉDIE DE LA BOURSE & DE LA BANQUE

LE LYCÉEN JOURNAL DES LYCÉES & COLLÈGES DE FRANCE

VALRÉAS. — IMPRIMERIE JABERT FILS.

www.ingramcontent.com/pod-product-compliance
Lightning Source LLC
LaVergne TN
LVHW051456090426
835512LV00010B/2184